Aurora Reis

XÔ Depressão!

2ª edição / Porto Alegre-RS / 2019

Coordenação editorial: Maitê Cena
Capa: Marco Cena
Ilustrações: Ale Vasconcelos
Revisão e Produção editorial: Bruna Dali e Maitê Cena
Produção gráfica: André Luis Alt

Dados Internacionais de Catalogação na Publicação (CIP)

R375x   Reis, Aurora
          Xô Depressão! / Aurora Reis. – Porto Alegre: 2.ed.
          BesouroBox, 2019.
          64 p.; 12,5 x 18,5 cm

          ISBN: 978-85-5527-113-7

          1. Psicologia. 2. Depressão. 3. Autoajuda. I. Título.

CDU 159.947

Bibliotecária responsável Kátia Rosi Possobon CRB10/1782

Copyright © Aurora Reis, 2019.

Todos os direitos desta edição reservados a
Edições BesouroBox Ltda.
Rua Brito Peixoto, 224 - CEP: 91030-400
Passo D'Areia - Porto Alegre - RS
Fone: (51) 3337.5620
www.besourolux.com.br

Impresso no Brasil
Novembro de 2019

Ao Edgarde e à Amanda
(in memoriam)
E a Você que lê agora...

A Deus, Pai e Mãe Divinos, pela vida!
Ao amor de Sai Baba;
Aos meus pais, Édina e Edgarde;
A minhas irmãs Amanda e Anna Luiza;
A meu esposo Kléber e minha filhota Katie,
amores da minha vida!
A Cris Aragão, por todo o incentivo;
A Edições BesouroBox, pela oportunidade
desta nova edição;
A todos que buscam a Paz;
E ao Amor que existe em cada ser...

Sumário

Prefácio: mãos à obra 11

O que é a depressão? 13

Como posso saber que estou com depressão? 16

"Eu sou a ressurreição e a vida." 19

Há cura para a depressão? 20

"Há um reino divino e ele já existe dentro de nós!" 23

Maneiras de levantar o astral 26

Xô, baixa estima! 29

"E eu lá tenho valor?" 31

"Espelho, espelho meu, existe
alguém mais bela do que eu?" 32

Equanimidade: a chave da sabedoria 33

Xô, autopiedade! 37

Xô, escassez! 41

A verdadeira riqueza é servir a Deus! 44

Atração x Repulsão 46

Abrindo os braços para receber 48

Afirmando a Vitória! 50

Xô, preguiça! 53

Não deixe para amanhã o que você pode fazer hoje! 57

Palavras finais 61

Prefácio: mãos à obra

Não sou nenhuma *expert* no assunto, nem pretendo ser... Meu único objetivo ao escrever este livro (além da inspiração que sinto agora) é poder auxiliar alguém em seu processo de cura. Sei, por experiência própria, o quanto é ruim essa doença que, se não tratada, pode levar à morte. Posso afirmar isso porque perdi meu pai e minha irmã nessa situação, e que bênção seria saber que fui útil para alguém em sofrimento!

Não é fácil sair sozinho de uma depressão, dependendo do caso. Por isso, lanço este livro como uma luz no fim do túnel, uma estrela-guia, uma mão amiga para aqueles que realmente desejarem se curar de verdade.

Então, para aquele que crê, vamos em frente!

Enfrentar a própria escuridão interior requer uma lanterna, uma luz própria, e eu proponho que, neste momento, você passe a visualizar essa luz (pode ser dourada, verde, azul... a cor que você preferir!) no seu coração – ele é a estrela-guia real, e não eu!

Sou agora apenas a mão que escreve...

Lembre-se, a cura já existe e está dentro de você! E depende EXCLUSIVAMENTE de você dar cada passo em direção ao fim almejado... A cura, a libertação, a alegria, a felicidade, a paz, enfim!

Como exercício inicial, vamos respirar profundamente três vezes, relaxando todo o corpo, libertando-se das tensões e preocupações. Se quiser, pode também dar uma boa espreguiçada e alongada no corpo. Quando se sentir pronto, podemos começar!

Invoque essa luz, a partir do seu coração, e estabeleça contato com ela. Essa luz será o seu guia na escuridão.

Calma, não precisa se assustar! Essa luz é a Consciência Divina, que existe em cada ser humano, e a escuridão, neste caso, representa a "tal" da depressão. Chamo-a de escuridão, porque, no fundo, é isso que ela é!

Vamos conhecê-la melhor?

O que é a depressão?

Depressão, mais do que tudo que possa ser explicado, é um estado de espírito, em primeiro lugar. Começa no exato instante em que você crê na ilusão de certas emoções negativas. Elas podem surgir ocasionalmente, em situações corriqueiras do dia a dia, ou podem ser profundas dores e traumas (inclusive inconscientes) – geradas na infância ou em outras vidas, para quem acredita.

Portanto, quando cedemos o nosso poder pessoal (que é o nosso centro) para tal sentimento inferior, ilusório, nos perdemos na escuridão... A partir daí, fica um pouco mais difícil saber o caminho de volta. É preciso muito discernimento, cautela e até um pouco de estudo, também, para detectar esses estados da mente, porque a depressão se inicia aí! Geralmente, ela não tem a ver com o nível espiritual... Nossa alma é perfeita em Deus, embora ainda em processo de evolução constante e de manifestação desse estado divino que é latente em todos nós.

O espírito é livre, não tem doença... A maior parte das desarmonias geradas começa no nível mental – dos pensamentos e da crença na ilusão da separação de Deus – que gera o ego negativo e todas as demais percepções equivocadas.

Está um pouco complicado? Vamos simplificar!

Nós fomos criados à imagem e semelhança de Deus e, como Seus filhos, somos perfeitos! Existimos dentro da Mente de Deus, que é a nossa própria mente. Nunca nos separamos de Deus, o que aconteceu foi que o espírito, ao experimentar a vida na matéria, foi identificando-se excessivamente com o estado material, que também é divino, mas nos esquecemos disso! Desse esquecimento surgiu a sensação de estarmos "separados" da nossa fonte, da não percepção de nossa verdadeira realidade, nossa divindade inata e união divina.

Porém, essa separação, de fato, nunca existiu!

Assim, todo o processo de iluminação é, na verdade, um processo de despertar para a nossa natureza divina, reconhecer que já somos Um com Deus, mas que precisamos caminhar, um passo de cada vez, para manifestar essa consciência em todos os níveis do nosso ser: espiritual, mental, emocional e físico.

Após essa compreensão, percebemos quantos equívocos nossa mente criou, não é mesmo? Um deles é a depressão. Por que nos sentirmos deprimidos em meio a tanta Beleza de Deus, à própria Vida, à nossa Felicidade Inerente?

Quando a dor vem no peito, perguntamos a nós mesmos: *"Cadê, Senhor? Cadê tudo isso, que eu não estou sentindo?"* Aí é que começa o processo de interiorização... Quem está nessa fase já deu um importante passo para a mudança, pois só podemos realmente mudar algo em nós quando estamos verdadeiramente incomodados com aquilo.

Então, muitas vezes, quando a pessoa sente que chegou ao fundo do poço e está bem cansada de sofrer, ela pode estar bem perto da cura. A cura é um processo, não vem por acaso, do nada, apenas através de remédios ou de alguém. Exige esforço próprio de se corrigir, de querer se melhorar, se conhecer...

Muitas vezes, um tratamento é indicado – na área da medicina que lhe for mais apropriada, seja no campo tradicional ou nas terapias integrativas.

O que vale, enfim, é a busca interior pela cura verdadeira, e isso é um passo importante para se chegar lá (aqui!).

Como posso saber que estou com depressão?

Existem diversos tipos de depressão, desde a mais leve, que surge como uma frustração e um sentimento de tristeza a cada decepção ou desafio que encontramos pelo caminho, até a mais pesada – na qual a pessoa pode até mesmo pensar em suicídio, pois não consegue mais ver solução para o seu caso. Esse é o fim extremo da depressão. Ela pode causar uma cegueira tal que a pessoa não consegue ver que há cura, mas existe, sim, basta querer e acreditar, em primeiro lugar!

Leia com todo o seu coração: para vencer a depressão, é preciso brigar e, às vezes, brigar feio... Consigo mesmo, é claro. Às vezes, é preciso travar uma batalha espiritual e, para isso, precisamos vestir a nossa armadura da fé e do entusiasmo!

A força de vontade é uma grande aliada para a cura. Tudo o que fortalecer o seu firme propósito de sair vencedor dessa batalha é válido.

Essa batalha está acontecendo dentro da sua mente – por um lado, você quer se curar e, por outro, de alguma forma (mesmo que inconscientemente), alimenta essa forma mórbida de pensar.

Ei, acorde! Depressão é morte, morbidez. É antivida! Acorde para o Sol, para a luz dentro da sua consciência!

Cadê a luz do coração? Você ainda está firme nela? Você pode estar achando este livro a maior bobeira que já leu nos últimos tempos... Tudo bem, pode até ser.

Porém, quem será que está lendo este livro? A mente depressiva ou a mente feliz por natureza, que quer se curar? Vamos acabar com essa divisão interior! Para juntar esses pedaços, vamos chamar alguém mais sábio, que realmente tem a visão de cima: o nosso Eu Superior!

O Eu Superior é a nossa própria alma, um estado mais elevado da nossa mente, que também poderia chamar-se mente superconsciente. Dentro de você já existe essa sabedoria inata, basta acessá-la.

Como? Convidando-a para fazer parte de sua vida, simples assim! Essa parte do seu ser não age sem a sua permissão. É preciso que convidemos o nosso Eu Superior para fazer parte de nossas vidas.

Podemos começar invocando a nossa alma, o Eu Superior, para que ele se ancore em nossa consciência e em nosso sistema de quatro corpos (espiritual, mental, emocional e físico).

Existe um mantra que pode ser recitado três vezes, sendo muito útil e eficaz nesse processo.

Mantra da Alma
(Canalizado por Djwhal Khul)

Eu Sou a Alma
Eu Sou a Mônada (Espírito)
Eu Sou a Luz Divina
Eu Sou Amor
Eu Sou Vontade
Eu Sou o Firme Propósito
Eu sou cocriador com Deus[1]
Eu sou a eterna Gratidão
Eu sou a Ressurreição e a Vida

Esse mantra é muito poderoso. Experimente recitá-lo ao despertar e antes de qualquer oração habitual, pois irá fortalecê-lo e potencializá-lo.

Quando encontramos a paz de Deus, em nossos corações não há espaço para as trevas habitarem.

Vamos lá, faça uma escolha profunda com todo o seu coração, alma e fé neste momento: "você quer mesmo se curar"?

Então, por favor, se esforce o máximo que puder, até conseguir. Vista a sua armadura da fé em Deus e fé na sua divindade interior e vamos prosseguir a jornada...

"Sê fiel até a morte e eu lhe darei a coroa da Vida."
Jesus Cristo

---

1 As três últimas afirmações não fazem parte da oração original, mas podem ser incluídas.

"Eu sou a ressurreição e a vida."

Novamente, respire profundamente três vezes e permaneça em silêncio por alguns instantes. Essa prática o ajudará a acalmar a mente e suas sensações.

Agora que nós escolhemos, com firmeza, seguir em frente, vamos dar mais esse passo com fé e dedicação. Lembre-se que o seu esforço é precioso. Tudo depende principalmente, de você, da sua fé, da sua intenção e determinação.

Sei que não é fácil, pois também já fui uma pessoa deprimida. Por isso, afirmo que esse esforço é constante, diário, para toda a vida! É uma espécie de compromisso que você assume consigo mesmo e com a Vida Maior.

Você nasceu e está aqui com um propósito. Seja lá qual for a razão pela qual nasceu, aproveite o nascimento humano, que é precioso e divino!

Sinta isso, por si mesmo. Às vezes, olhamos a nossa vida só com óculos cinzas e vemos tudo chato, pesado, ruim etc. Por que não experimentamos, por um momento, trocar as lentes desses óculos?

Não precisa ir para o extremo cor-de-rosa! Você pode usar uma lente transparente e perceber como seus problemas nem são tão terríveis assim.

A mente tem o poder de interpretar os fatos de várias formas diferentes. Uma mesma situação, que pode ser uma lição a ser superada para um, pode ser a gota d'água para outro; tudo depende da forma como encaramos os desafios da Vida, que são, na verdade, testes para aprimorar nosso caráter e nos fortalecer.

Então, o que quer dizer a expressão: "Eu Sou a Ressurreição e a Vida"? Significa que eu sou o poder de ressurgir das cinzas, de encarar os "problemas" como bênçãos de Deus para minha evolução e transformação interior.

Sabemos que não existe nenhum Deus externo, que nos castiga... Deus é Amor. Na verdade, somos nós mesmos que, por algum motivo, escolhemos passar por essas provas para nos desenvolver e aprimorar.

Cada um sabe do que precisa, pois a Vida existe em nós! Somos vivos! Respiramos, graças a Deus!

Há cura para a depressão?

Claro que há, que pergunta!
Que tal experimentar dar um sorriso para a Vida?
Já viu depressão sorrir? É a última coisa que ela quer...

Esforce-se por acrescentar alegria à sua vida, seja da forma que for!

Pode ser um simples picolé na padaria da esquina, dar bom dia para alguém, tomar Sol, pisar na grama, cuidar de uma planta, um cachorro, andar de bicicleta, passear num parque, banhar-se no mar, na cachoeira, abraçar uma árvore... Enfim, saia de casa! Respire um pouco de ar puro.

Está difícil sair à rua, tomado pelo pânico? Calma, isso tem tratamento. Hoje em dia há muita gente especializada para tratar disso. Não é vergonha pedir ajuda, é sinal de humildade e nobreza da alma.

Converse com um amigo, ligue para o Centro de Valorização da Vida (CVV), saia dessa toca!

Em algumas pessoas, a depressão causa uma sensação de encolhimento, de frio, de vazio, de solidão... Não dê atenção a essas sensações, que são apenas corporais e foram provocadas pela nossa maneira errada de pensar. Lembre-se que são os pensamentos que geram as emoções e, por fim, se traduzem nesse desconforto físico.

Portanto, para a mudança de fato ocorrer, é preciso trocar os pensamentos negativos pelos positivos e também a forma como encaramos os desafios diários: saindo de um padrão de vitimização para a responsabilidade por nossa vida, com mais fé e coragem em nossa vontade de vencer e nos curar.

Quando desistimos de lutar, valorizamos os aspectos negativos em detrimento dos positivos e perdemos a esperança. Dessa forma, estamos escolhendo a depressão no lugar da Vida.

Por favor, refaça a sua escolha a cada dia, a cada momento, a cada nova situação que aparecer pelo caminho. Seja feliz, como puder ser, *só por hoje!* Essas três palavrinhas são mágicas, verdadeiras bênçãos de consolação, pois nos ajudam a focar no presente, onde realmente existimos e podemos fazer a real mudança, a nova escolha.

Quando estamos deprimidos, é como um túnel escuro, no qual não vemos a saída. Ficamos lá perdidos e, até sairmos, parece que se passaram séculos! Tudo isso acontece dentro da nossa mente e a sensação que temos é de que não terá fim.

Mas espere, há uma solução! Preste bem atenção: a mente não pode dar a direção. O Eu Superior olha tudo lá de cima e conhece o caminho. Ele sabe a rota para a saída.

Ei, ele é você! Você é o Eu Superior também! Faça a sua parte, invoque o seu poder pessoal e saia desse labirinto que você mesmo criou!

Por que você entrou aí, lembra-se?
Como era você antes de entrar nessa?
De quem ou do quê você está se escondendo
(que dor é essa aí que não está querendo ver)?

Responda com calma a essas três perguntas, mesmo que elas demorem meses para serem respondidas, mas faça isso por si mesmo.

Você merece toda a atenção, amor, carinho e apoio incondicional, principalmente do seu próprio ser. Não espere que as pessoas lhe deem algo que você não está se dando. Dê a si mesmo, em primeiro lugar, essa chance de parar, olhar para si, se descobrir...

"Eu existo! Eu tenho importância! Eu não sou uma ilha!"

Deus nos criou com todas as qualidades divinas: amor, perdão, compaixão, paz, harmonia, felicidade, alegria. Todos esses valores já existem como sementes dentro de nós. O que está você regando? Os bons pensamentos ou os maus? Depois que vem a colheita, não adianta reclamar!

A sua vida é criada através dos seus pensamentos, com todo o seu ser. Você, como filho de Deus, tem o poder de cocriação. Ela acontece por meio dos seus pensamentos, da sua vontade e das suas ações. Então, muito cuidado com o que pensa e deseja, pois da forma como você acredita que seja, assim é!

Muitos Mestres já ensinaram isso... Apenas estou reproduzindo as ideias dos Seres Iluminados, que já transcenderam este mundo fenomenal de prazer e dor.

Há um mundo real além de toda essa dor e sofrimento...

> *"Há um reino divino e ele já existe dentro de nós!"*

Por que existe o dia e a noite?

Tudo aqui neste plano é transitório, é dual... Só podemos perceber as coisas aqui nesse nível através dos pares de opostos.

O que é a escuridão? É, simplesmente, a ausência de luz!

Nesse sentido, o que é a depressão? É a falta de luz na consciência.

O que falta na sua vida para ela ser luz?

Amigos? Amor? Emprego? Moradia? Dinheiro? Nada? Só você pode saber! Você é o seu salvador. Diga isso para si mesmo quantas vezes forem necessárias, até acreditar: *"Eu sou o meu salvador! Eu vou sair dessa vivo! Eu tenho Força, eu tenho Luz, eu sou um filho de Deus!"*.

Veja, na sua mente, a parte que não acredita nisso... É a parte ilusória, o ego negativo, que pensa ser separado de Deus, o mal! Mal é contrário de bem. Só o bem é real! Bem é luz, é amor!

O mal só existe nesse plano de dualidade, nessa zona de livre-arbítrio. Na Unidade não há mal, pois onde há luz não há espaço para escuridão...

Encha de luz a sua vida e a depressão vai sair correndo... Xô! Bota ela para correr com toda força e com todo amor!

Você merece ser feliz! Você nasceu para desfrutar a vida, ser feliz, cumprir a sua missão. Não precisa ser uma missão espetacular, pode ser simples. A vida é simples, para quê complicar?

"Como eu posso me fazer mais feliz hoje?"

"O que me deixa triste e que eu preciso parar de fazer, pensar, sentir?"

"Eu agradeço a Deus todo dia pela Vida?"

O pessimismo não leva a lugar nenhum... Quer dizer, leva, sim, a esse lugar chamado depressão. É como uma nuvem que só chove em cima de você, é exatamente isso! Está um lindo Sol lá fora, todo mundo curtindo, feliz da vida, e você carregando a sua nuvenzinha para cima e para baixo. Parece até que gosta de sofrer!

Perceba em você agora se existe alguma parte que se sente vítima, que se faz de coitada, de fraca, que defende os argumentos do ego negativo, de que não vai conseguir e *blá blá blá*... Esse é o pior tipo de mal, porque por trás dessa voz se fingindo de boazinha, de coitadinha, existe o maior demônio escondido! Daqueles bichos bem brabos de se ver.

E não é um demônio externo, de chifres e rabo, não... É a sua própria negatividade: rancor, raiva, falta de perdão, mágoa, inveja, ciúmes, ódios... Sua parte sombra que você não quer ver de jeito nenhum e, por isso, esconde embaixo do tapete.

Todos nós temos um lado assim, "não tão legal". Nada que um bom "remédio de autoconhecimento" não resolva! O autoconhecimento é, sem sombra de dúvida, a panaceia para todo o mal!

Se não existe mal em Deus, de onde surgiu esse mal em nós?

Nós nunca "saímos de casa" (deixamos de ser divinos). Como podemos deixar de ser o que fomos criados? Impossível! Mas em nossa vã imaginação, no sonho de viver em um corpo separado de Deus, começamos a agir de forma contrária às leis do bem viver... Já matamos, roubamos, prejudicamos outros seres, tanto em vidas passadas como até mesmo nessa vida! Hoje, estamos aqui, com toda a nossa "bagagem" para ser purificada. É a lei da ação e reação, na qual temos que colher tudo aquilo que plantamos, seja de bom ou de ruim.

Sendo assim, eternos, trazemos certas tendências negativas e o que precisamos fazer é ir, aos poucos, desenvolvendo novos hábitos positivos, até que nossa mente e comportamento sejam totalmente transformados. É como um toca-fitas velho que repete sempre a mesma música. Cabe a nós escolher qual música queremos tocar e gravá-la em cima da outra ou até, quem sabe, trocar por um toca-fitas novo, pois *"não se pode servir vinho novo em odres velhos"*.

Por falar nisso, você já cantou hoje? Com certeza, você já ouviu dizer que *"quem canta seus males espanta!"*.

Coloque sua música preferida, em alto e bom som, e aproveite para cantar, dançar... Simplesmente para louvar e agradecer à Vida, sentir a alegria pura e simples, como uma criança.

DIVIRTA-SE! Faça-se feliz! Se você não fizer isso por você, quem vai fazer?

Maneiras de levantar o astral

Vimos que a depressão é um estado de espírito que se origina na mente que pensa ser separada de Deus: o ego negativo. Aprendemos a nos conectar com o Eu Superior e a estabelecer esse contato no dia a dia, com o pedido consciente. Agora, vamos aprender como fazer a "manutenção" do nosso estado mental.

É um processo, você não vai sair do zero e ir direto para o dez. Passa pelo um, dois, três, quatro, cinco... Até chegar ao nove e ao dez, com paciência e perseverança. Um passo de cada vez, isso é o que importa!

Você pode pensar: *"ah, mas eu já sofro de depressão há tantos anos, não vou mudar de uma hora para outra!"*.

Por que você não quer mudar? Faça seu esforço, vale a pena. Na verdade, nem é um esforço tão grande assim, é só uma decisão pela VIDA!

É dizer adeus para a morte! É dizer a si mesmo: *"eu sou um vencedor! Eu me enfiei nesse buraco, agora eu vou sair! Eu posso, eu consigo, eu mereço e eu já saí, porque eu sou filho de Deus, do Altíssimo Senhor Onipotente!"*.

Minha mente é guiada pelo meu Eu Superior, que me orienta sempre, em todos os momentos. Só tenho bons pensamentos, só alimento o bem. Todo o meu ser almeja a VIDA, a FELICIDADE, a BEM-AVENTURANÇA ETERNA!

"Por que temer se EU estou aqui?" – diz a voz interior.

"O Senhor é meu pastor, nada me faltará.
Em verdes prados, Ele me faz repousar.
Conduz-me junto às águas refrescantes,
Restaura as forças de minha alma.
Pelos caminhos retos Ele me leva
Por amor do Seu nome.
Ainda que eu atravesse o vale escuro,

Nada temerei, pois estais comigo.
Vosso bordão e Vosso báculo
São o meu amparo.
Preparais para mim a mesa
À vista de meus inimigos.
Derramais o perfume sobre minha cabeça,
Transborda a minha taça.

A vossa bondade e misericórdia hão de seguir-me
Por todos os dias da minha vida.
E habitarei na casa do Senhor
Por longos dias."

Salmo 23

Caminharei neste vale de sombras consciente de quem sou, com a luz do meu coração me apontando o caminho.

Deus está comigo, Deus está em mim. Deus é a minha Luz, Deus é a minha Consciência Divina. É a Vontade de Deus que eu me cure.

O que eu posso ganhar com essa tristeza e depressão? NADA, absolutamente!

Eu quero viver e ser feliz!

XÔ, depressão! Vai embora da minha vida!

Eu comando!

Eu determino que, de agora em diante, serei senhor da minha vida, autor da minha história.

Virei a página. Recomeçarei nova vida daqui para frente! *Só por hoje,* eu quero ser feliz!

Renasço das cinzas! Sou a Fênix!

Sou a Borboleta! Sou o Beija-flor! Sou o Arco-íris! A abundância da Natureza, o verde curativo das plantas me preenche de vitalidade. Alimento-me bem! Sorrio para a Vida! Sorrio para as pessoas! Sou uma pessoa bem-humorada, feliz, de bem com a vida, alto astral!

Aceito todos os desafios e "problemas" como lições a vencer e aprender. Sou vitorioso na luz porque EU SOU O EU SOU.

Oração de São Francisco

Senhor, fazei-me um instrumento de Vossa Paz.
Onde houver ódio, que eu leve o amor.
Onde houver ofensa, que eu leve o perdão.
Onde houver discórdia, que eu leve a união.
Onde houver dúvida, que eu leve a fé.
Onde houver erro, que eu leve a verdade.
Onde houver desespero, que eu leve a esperança.
Onde houver tristeza, que eu leve a alegria.
Onde houver trevas, que eu leve a luz.

Oh Mestre, fazei com que eu procure mais
consolar que ser consolado.
Compreender, que ser compreendido.
Amar, que ser amado.
Pois é dando que se recebe.
É perdoando que se é perdoado.
E é morrendo que se vive.
Para a vida eterna.

Xô, baixa estima!

Por que diminuir-se? Ou elevar-se?

O ego negativo tem dessas coisas, ora rei ou rainha, ora criado ou criada. E, não satisfeito, é um sabotador em todas as suas realizações.

Para quê se amar? – ele pergunta com sua cara feia – se você é *isso* e *aquilo* e *mais aquilo outro*... E segue apontando-lhe todos os seus supostos "defeitos". Aí, então, vem o chororô.

Daqui a pouco ele sopra no seu ouvido alguma comparação com alguém "inferior" a ele. Assim, vem a sensação de: *"ah, como eu sou ótimo!"*.

Enquanto não sairmos dessa dualidade, o ego continuará com o seu *"ballet* dos opostos": ora inflamando-nos, ora rebaixando-nos. Se permitirmos, criaremos uma gangorra emocional difícil de lidar, porque ao nos compararmos com os outros, sempre estaremos melhores ou piores do que eles.

Então, para quê se comparar, afinal?

O seu valor só pode ser medido usando a si mesmo como parâmetro, pois você é um ser único, não há outro igual (mesmo tendo um irmão gêmeo!).

Onde está o seu valor?
Onde foi parar? Cadê?

"E eu lá tenho valor?"

Crescemos num mundo que, desde pequenos, nos instiga à competição, à comparação, como se tivéssemos que ser sempre os melhores em tudo. Infelizmente, quase toda a nossa sociedade está contaminada com essa visão distorcida do ego negativo.

Dessa forma, aprendemos que mesmo que se nos esforçássemos, nunca seríamos bons o suficiente como aquela pessoa, ou tão inteligentes quanto aquela outra, ou tão bonitos... Padrões que assimilamos inconscientemente e que nos colocaram na parte de cima ou de baixo da balança, exatamente como o ego negativo se vê: como superior ou inferior em relação a alguém.

Como transcender tudo isso? Simplesmente sendo você mesmo – livre de todo e qualquer julgamento (interno, em primeiro lugar).

Aceite a sua natureza única e original sem precisar da aceitação dos outros. Evite a comparação, vivendo exatamente como é, sendo feliz, como puder ser!

Confie em seu próprio poder e capacidade intrínsecos. Você é um ser divino, um ser criado por Deus! Você é luz! Valorize-se, sabendo que todos também são igualmente divinos!

Você é Deus vivendo em um corpo humano, o Atma Sagrado. Você é um ser único que merece ser feliz.

"Espelho, espelho meu, existe alguém mais bela do que eu?"

O que é a beleza? É apenas olhar-se no espelho e achar-se bonito?

Será, unicamente, o que vemos em nosso exterior? É claro que não. A verdadeira beleza está muito além disso...

Dizem que a beleza é a riqueza dos olhos que sabem apreciar. Somos muito mais do que o corpo físico que podemos enxergar. Nossos sentidos são limitados e, portanto, não conseguimos perceber o mais sutil. Apenas atingimos esses outros níveis através da nossa sensibilidade, que se desenvolve em cada um de uma forma diferente: alguns têm a visão interior mais apurada, outros são mais intuitivos...

Cada beleza é única. Saber apreciar a singularidade de cada ser é saber enxergar com verdadeira sabedoria.

Qual é a beleza de um elefante? E de um rinoceronte? Um cacto? Um avestruz? Se você olhar somente pela parte estética, como os nossos olhos foram "treinados" para ver, pode achar alguns um pouco mais estranhos, ou "acima do peso", ou "não tão bonitos assim"...

É preciso ver além, querer enxergar de verdade, não apenas com os olhos físicos, mas com todo o seu ser!

Equanimidade: a chave da sabedoria

A comparação e a inveja levam à ruína; precisamos respeitar aos outros e a nós mesmos. Olhar para os outros e depois para si na certa vai criar os pares de opostos já citados. Será que queremos realmente isso? Estar felizes quando tudo estiver bem ou tristes quando algo der errado?

Não, é preciso saber sentir... Sem olhar para fora, e sim para dentro. Lembre-se: comparação, só consigo mesmo. Olhe as conquistas dos outros e sinta a unidade, como se estivesse acontecendo com você. Comemore quando ver os outros vencendo na vida. Assim se conquista a vitória.

Essa vida é um jogo: um dia ganhamos, outro perdemos. Se entregarmos nossas emoções ao ritmo das marés, com certeza o resultado será uma grande confusão!

Mas se, ao invés disso, soubermos – como o comandante sábio e prudente - segurar bem firme o leme de nosso navio, saberemos em qual direção nós queremos ir e não deixaremos as ondas nos levarem.

Também é preciso aprender a perder, encarar a derrota, a perda, o fracasso. Não fomos preparados para isso. Ao contrário, queremos sempre vencer, a todo custo. Estamos sempre em busca do prazer e da alegria frugal, sem discernimento do que é bom ou ruim. Apenas queremos eliminar a dor com um remédio, um esquecimento, um dormir, um "ver TV", um anestesiar-se ou qualquer outra coisa que nos tire a consciência, ao invés de realmente querer enxergar aquela dor e perceber: *"que dor é essa aí? Por que eu não me amo o suficiente? Por que eu deixo as pessoas se aproveitarem de mim? Por que eu não sei dizer não? Ah, eu sou um idiota mesmo!"*. E assim começa todo o processo autodestrutivo de falta de amor próprio, e até, em alguns casos, de ódio a si mesmo!

Pois é, realmente há pessoas que chegam a odiar a si mesmas (mesmo que de forma inconsciente). Elas vão se punindo e atraindo cada vez mais situações ruins, como "castigos" que impõem a si mesmas, seja por acreditarem que cometeram algum erro "grave" que precisa de correção, por se sentirem culpadas, não se perdoarem ou acharem que "Deus irá castigá-las".

Isso acontece tão naturalmente que quase nem percebemos quando agimos assim conosco, principalmente quando vemos o mal separado de nós, enxergando-o no outro, no "lado de fora", como se aquilo não tivesse nada a ver com a gente.

Quando odiamos alguém, consciente ou inconscientemente estamos também nos odiando, pois, em um nível mais profundo, todos nós somos um só ser. Todos os Mestres que vieram para a Terra ensinaram essa verdade: *"aquilo que fazes aos outros é a ti mesmo que o fazes"; "ama ao próximo como a ti mesmo"; "perdoa e reza pelos teus inimigos"; "reconcilia-te com o teu irmão enquanto ele caminha ao teu lado"*. É uma beleza ver esses ensinamentos divinos... Difícil mesmo é praticá-los!

Começa a ficar mais fácil quando conseguimos nos encarar verdadeiramente sem medo. Olhamo-nos profundamente no espelho da verdade, nus diante da nossa presença divina, reconhecemos nossos erros e os assumimos perante a nossa Consciência.

Nada que atraímos para a nossa vida é em vão... Mesmo a menor coisa que seja, pode acreditar: você não é uma vítima do destino!

Se você pesquisar bem, descobrirá a causa dentro de você mesmo. Tudo contém uma lição a aprender, uma sabedoria a se guardar e revelar.

O crescimento é interior e a beleza se revela cada vez que iluminamos uma parte sombria nossa. Conseguimos brilhar a nossa luz em áreas de nossas vidas cada vez mais intensamente, de forma a atrair melhores circunstâncias e, consequentemente, sermos mais felizes.

Onde entra a autoestima nisso tudo?

Você só pode se amar de verdade se conhece a si mesmo em profundidade. Esse conhecer-se vai além do nível da personalidade, do onde eu nasci, do que eu gosto e não gosto, no que eu trabalho etc. Está no aprendizado do seu ser real: quem é você além de tudo que já conhece?

Amar a si mesmo requer coragem para enfrentar-se, rumar ao desconhecido de si próprio com fé de sair melhor do que entrou. A jornada é dentro de cada um. Todas as respostas: de todas as doenças, desarmonias, dificuldades, obstáculos, problemas, desafios, testes, dores... estão dentro de você!

Onde mais elas poderiam estar? Em algum lugar guardado, por aí? Em Deus? Onde está Deus? Está em você, é o seu ser real, é a sua essência divina, o que lhe faz vivo!

Está na medicina? A medicina é um recurso, uma ferramenta para acessar algo que já existe em você. O autoconhecimento é a cura verdadeira.

Para tudo há uma resposta, confie! Busque, procure, tenha fé de encontrar! Acesse a sua sabedoria interna e faça bom uso dela para criar uma vida mais feliz, mais cheia de luz, próspera e abundante, plena de amor para ser compartilhado com todos os seus irmãos!

Xô, autopiedade!

Em homenagem a todas as pessoas que se fazem de vítima, choramingando pelos cantos, e que, neste exato momento, negam esse padrão: *"eu (não) sou vítima!"*. E ainda se indignam: *"que absurdo!"*.

Se você se identificou com essa mensagem, então, ela tem algo para lhe mostrar.

Por que temos pena de nós mesmos quando temos tantas potencialidades, dons e talentos inerentes?

Geralmente, nos identificamos com esse padrão, quando percebemos algum "defeito" em nós mesmos ou quando algo nos limita e não conseguimos admitir ou aceitar.

Pensamos, então: *"quem sou eu para merecer isso? Isso é uma injustiça! Eu sou uma pessoa tão boa..."*, esquecendo que somos nós mesmos que atraímos determinada situação, por algum motivo ou aprendizado.

Isso parece um pouco óbvio para quem não se faz de vítima, mas para quem possui essa tendência, soa como "um absurdo", algo totalmente irreal e falso. É como se a culpa fosse sempre do outro, de Deus, de alguém "lá fora", e nunca assumimos plenamente a responsabilidade pelos nossos erros e dificuldades.

Há um fundo de orgulho nisso tudo... É justamente pela pessoa se achar "tão superior", tão além de todo e qualquer sofrimento "baixo e mundano", que ela se coloca como vítima: *"oh, mundo cruel! Eu não mereço isso!"*.

Junto a essa afirmação, pode haver um sentimento de culpa que geralmente é oculto, uma sensação de não ser merecedor ou digno. Muitas vezes essas crenças e conceitos errôneos vêm de uma má educação recebida na infância, baseada no medo, ou de crenças religiosas equivocadas.

Para remover a culpa e o medo, é preciso coragem para acreditar na força que há em si mesmo e retirar o poder que se deu à fraqueza, à pena, à parte ilusória de si próprio. É preciso querer transformar-se e parar de alimentar o mal e a escuridão em detrimento da luz.

Por que você se faz de fraco? Pense nisso... Você ganha atenção quando está doente? Recebe algum benefício extra, como: não trabalhar, não querer dar conta dos seus compromissos e responsabilidades?

Estimular a própria culpa ou a pena de si mesmo nos torna aparentes "criancinhas" fracas e indefesas, necessitando de cuidados. Precisamos de alguém mais forte do que nós, que dê conta da situação (que nós não conseguimos resolver...). Perceba que, por trás disso, escondem-se vários sentimentos humilhantes, que nos deixam envergonhados e, por isso, os tememos e os negamos. Assim, voltamos a usar o tapete para escondê-los, ao invés de dar um *Xô!* de uma vez por todas.

O que paira aí na sua sujeirinha? Pouca autoestima? Falta amor próprio? Cadê a saúde e a vontade de se curar? Você cuida da sua alimentação? Dá conta da sua vida? Dos seus afazeres?

É... Viver realmente não é fácil!

Por isso, muitas pessoas preferem assumir o papel de fracas, de que precisam de cuidados, para não encararem o desafio que é viver. Pois para viver é preciso ser um guerreiro espiritual, verdadeiro combatente da justiça, da verdade e do amor.

Quem deseja (em sã consciência) crescer e se tornar um fardo para os outros e para si mesmo? Acredito que ninguém! Então, em qual momento de nossas vidas tomamos esse caminho? Quando foi que pegamos essa "mão errada" ou "contramão" do bem viver?

Foi algum trauma no passado? Alguma perda irreparável? Ou um sentimento forte com o qual não soubemos lidar e ficou represado, fazendo-nos ficar doentes, como a raiva, a inveja, a luxúria e o ódio? A inveja mata, o ódio corrói o fígado... Aos poucos, o corpo vai respondendo que está cansado. Então, a pessoa se entrega, desiste e se rende. Identifica-se com a fraqueza, vive esse papel e ganha alguns "benefícios extras", por assim dizer, que se analisarmos bem, nem são tão benéficos assim...

Onde está a cura para esse mal? Está sempre aí, dentro de você!

"Ah, já dá desânimo só de pensar nisso..." – você pode achar.

A força de aço para vencer essa batalha, você já tem. Só que a usou erroneamente para alimentar esses pensamentos baixos, que agora apenas precisam ser redirecionados.

Toda essa força que você almeja já existe em potencial dentro de você, basta acessá-la e aprender a usá-la a seu favor, não contra você! É preciso querer realmente parar de sentir pena de si mesmo e se encarar: *"por que eu estou nesta situação? O que eu preciso aprender com isso? O que posso modificar em mim, perdoar, transcender, curar? Como posso crescer e me tornar uma pessoa melhor?".*

É preciso querer
transformar-se
verdadeiramente.
Querer viver!
Querer se curar!
(De verdade!)
Querer progredir!
Querer melhorar!
Querer se conhecer!
E realmente
fazer a sua parte.
Agir!
Ação!
Força!
Resolução!

Decisão de fé na luta do bom combate... Agir com a esperança no bem, no amor, com força de vontade, garra, vigor!

Chegou o tempo e você
tem a escolha na mão.
Tome a sua decisão
E pegue a sua direção
Dê um Xô! na ilusão
Da autopiedade
E acredite
Na sua força
DE VERDADE!
Ela é você!
Basta acreditar
E ser...

Xô, escassez!

A escassez é uma forma-pensamento gerada a partir da crença de que "não há o suficiente" para todos e, consequentemente, para si mesmo! É como se aquela pessoa que tem algo de valor estivesse tirando de você a oportunidade de tê-lo, como se não houvesse o bastante para você e para ela também. É algo como: "ou você ganha, ou eu ganho!". Esses conceitos estão pautados na visão do ego negativo, novamente, baseado em valores como competição, crença na dualidade, na separação e na morte.

A abundância existe, e para todos. Enquanto você não manifesta isso e continua acreditando no "finito" e no "limitado", realmente nunca haverá o suficiente...

Se alguém está passando fome do outro lado do mundo é porque há pessoas comendo demais, ultrapassando sua "cota diária" e por isso não "sobra" para quem realmente precisa. Percebe que não há muito sentido nessa linha de pensamento?

Quem nunca ouviu, geralmente quando criança, ao não comer tudo, que muitas pessoas passam fome e que era um "pecado" desperdiçar comida? Realmente, devemos evitar o desperdício e colocar no prato somente aquilo que vamos comer. Porém, aquele sentimento de culpa costuma vir associado às imagens vistas de crianças desnutridas na África ou de pedintes na rua e o pensamento que acaba ficando gravado na mente subconsciente é o de que não há comida suficiente para todos.

Mas será que isso é verdade?

Escassez é a crença de que o suprimento um dia pode acabar. Você usa algo e, de repente, acabou! Não tem mais...

Se você doa algo, o ego negativo pensa que perde, ao invés de ganhar. Por exemplo, a lei do dízimo ensina a doação de 10% de nossa renda à caridade, como agradecimento e retribuição pelo dinheiro ganho. Porém, se damos esse pequeno valor, nossa mente reclama como se fosse nos fazer falta. É o cúmulo da mesquinhez!

Quando, na verdade, o que nos acontece é o contrário. Ao doar o dízimo, criamos um fluxo de abertura e prosperidade, pois tudo aquilo que damos tende a voltar para nós, como um bumerangue. É uma lei universal e não apenas uma crença religiosa.

Há situações em que a avareza parece tomar conta... Como, por exemplo, quando você vai ao mercado e costuma comprar as coisas pelo preço (geralmente o mais barato), independentemente da qualidade. Ou quando sente vontade de tomar um sorvete, aquele mais caro (e também mais gostoso), e na hora de comprar vem aquele pensamento de "economia", de "guardar para o amanhã", de "poupar para o futuro", ou de usar o dinheiro de forma "mais útil", claro! E com isso, acabamos não comprando nada.

Não adianta irmos aos extremos: ser perdulários, gastando sem consciência, ou cair no lado oposto da moeda, sendo avarentos e exigentes. Não podemos ser tão duros assim conosco. Merecemos alguns pequenos prazeres, para trazer um pouco de alegria e conforto ao nosso dia, às vezes tão puxado pelos afazeres da vida...

Busque a sua liberdade e cura em Deus. Só Deus pode conceder a alegria verdadeira. Toda riqueza que almejamos já existe como uma potencialidade dentro de nós.

A prosperidade é divina, basta parar e observar a Natureza para compreender. Em Deus não existe pobreza ou algo como miséria e escassez. Se alguém está passando por esse tipo de provação, pode significar que está apartado de sua própria natureza divina. Pois, do contrário, se estivesse conectado ao fluxo natural de Deus seria protegido, abençoado e sustentado por essa força que mantém todos os seres vivos, dos animais às plantas, todo o planeta Terra e mais além...

O Mestre Jesus tem uma mensagem muito bonita sobre esse aprendizado que devemos ter:

"Ninguém pode servir a dois senhores, porque ou odiará a um e amará o outro, ou dedicar-se-á a um e desprezará o outro. Não podeis servir a Deus e à Riqueza[1]. Portanto, eis que vos digo: não andeis preocupado com a vossa vida, pelo que haveis de comer; nem com o vosso corpo, pelo que haveis de vestir. A vida vale mais do que o sustento e o corpo mais do que as vestes. Considerai os corvos, eles não semeiam, nem ceifam, nem têm despensa, nem celeiro, entretanto, Deus os sustenta. Quanto mais valeis vós do que eles? Mas qual de vós, por mais que se preocupe, pode acrescentar um só côvado à sua vida? Se vós, pois, não podeis fazer nem as mínimas coisas, por que estais preocupados com as outras? Considerai

---

[1] A Riqueza, nesse contexto, simboliza as aspirações mundanas de poder, fama e sucesso, desprovidas da Consciência Divina e do anseio verdadeiro de servir a Deus.

os lírios, como crescem; não fiam, nem tecem; contudo, digo-vos, nem Salomão, em toda a sua glória, jamais se vestiu como um deles. Se Deus, portanto, veste assim a erva que hoje está no campo e amanhã se lança ao fogo, quanto mais a vós, homens de pouca fé? Não vos inquieteis com o que haveis de comer ou beber; e não andeis com vãs preocupações. Porque os homens do mundo é que se preocupam com todas essas coisas. Mas vosso Pai bem sabe que precisais de tudo isso. Buscai antes o Reino de Deus e a sua justiça e todas essas coisas vos serão dadas por acréscimo. Não vos preocupeis, pois, com o dia de amanhã: o dia de amanhã terá as suas preocupações próprias. A cada dia basta o seu cuidado.

Não temas, pequeno rebanho, porque foi do agrado de vosso Pai dar-vos o reino. Vendei o que possuis e dai esmolas; fazei para vós bolsas que não se gastam, um tesouro inesgotável nos céus, aonde não chega o ladrão, onde a traça não o destrói. Pois onde estiver o vosso tesouro, ali estará também o vosso coração."

A verdadeira riqueza é servir a Deus!

Quando Deus tira tudo de você, esse é o maior desafio para amá-Lo sem limites e restrições. É a maior prova de fé pela qual um devoto pode passar.

Essa fé é conquistada no momento da entrega ao Mestre e da renúncia voluntária à dor e ao sofrimento do ego negativo – que, embora pequeno (na verdade, inexistente), nesses casos parece muito grande e assustador!

A iniciação de Jó, nome pelo qual é chamado esse desafio/teste é a maior prova de amor por Deus.

Se mesmo "abandonado e esquecido" por Deus, sofrendo miséria e penúria e, às vezes, até estando com a saúde debilitada, você ainda continua a amá-Lo, adorá-Lo e servi-Lo, essa é a maior prova de que Deus é Real e a realização depois desse nível torna-se próxima.

Após conquistar a dor e vencer a Morte, o Senhor renasce em Sua plenitude dentro do devoto, preenchendo-o com todas as bênçãos espirituais e materiais possíveis e também impossíveis, por que não? Para Deus não há limites.

No momento em que nos rendemos, além da dor, ao anseio verdadeiro pela libertação do "Cativeiro", a mente torna-se livre e merecedora para receber a Graça Divina, que sempre esteve aberta a ela, mas que agora, após essa purificação necessária, está apta a desfrutar dos prazeres do Céu e da Terra.

Para dar um *Xô!* na escassez, é preciso coragem para se entregar sem medo a Deus, que é a verdadeira riqueza, a real prosperidade.

Tudo o mais é ilusão...
"A Riqueza todos têm
Mas é preciso compreender
Não é com fingimento
Todos querem merecer..."
Hino do Mestre Irineu

Atração x Repulsão

Atraímos a nossa vida de acordo com os nossos pensamentos e sentimentos. Por mais difícil que seja aceitar esta verdade, é isso mesmo!

Precisamos ir à luta do "pão nosso de cada dia", ou seja, fazer a parte que nos cabe e dar um *Xô!* na escassez que começa no nível dos nossos pensamentos.

Devemos ser firmes em relação aos padrões do ego negativo, como crenças na miséria, mesquinhez, egoísmo, consciência de "falta", avareza, penúria... Tudo isso nos afasta de nossa abundância inata, que é Deus em nós.

Imagine a correnteza de uma cachoeira, de um rio em direção ao mar. Naturalmente, ele segue o seu fluxo, mantendo-se unido a si mesmo, ao seu propósito divino de fundir-se ao mar. Porém, se no meio do caminho ele se perde em preocupações vãs e pensamentos tolos, sua rota principal criará vários desvios, tornando-o fraco, seco e não cumprindo o seu objetivo de chegar até lá.

Para nos mantermos íntegros em nossos pensamentos, temos que confiar na Providência Divina: *"Venha a nós o Vosso Reino, seja feita a Tua Vontade...".*

Entregar-se e cumprir a vontade de Deus é aceitar o Senhor, a Consciência Divina como seu patrão, trabalhar para Ele.

Assim como o rio se funde ao mar, devemos também nos fundir em nosso nível superior de Consciência e, a partir desse estado de perfeita harmonia divina, criar os nossos frutos na Terra, o verdadeiro paraíso.

Viver o aqui e agora, deixando os devaneios tolos de lado, é ligar-se na força que reside no presente.

Quando há concentração, há foco de propósito. Quando há foco, há uma meta a ser cumprida. Mantendo-se unido e fiel a si mesmo (ao seu nível superior de consciência), você será capaz de cocriar o Céu aqui e agora em harmonia com o Pai.

"É do agrado do Vosso Pai dar-lhes o Reino..." – assim ensinou o Mestre Jesus.

Curar-se do mal da escassez é acreditar com fé na bondade divina que nos criou para sermos felizes e vivermos preenchidos de tudo o que precisamos.

"Quando o filho pede pão, o Pai vai lhe dar uma pedra?" Não, Deus vai nos dar – conforme o nosso merecer, nosso coração limpo, puro e entregue – tudo aquilo de que necessitamos, antes mesmo de Lhe pedirmos.

"Veja os lírios do campo..."

Acredite na abundância divina, você é a árvore e Deus faz brotar os frutos, basta que você faça a sua parte de regar a semente de bons pensamentos.

"Buscai primeiro o Reino de Deus e a Sua Justiça e tudo mais vos será acrescentado. Aleluia!"
Jesus Cristo

"O amor é a minha riqueza."
Sathya Sai Baba

Quem busca migalhas, as encontra. Quem procura pão, o recebe. Deus lhe dá conforme o seu pedir, o seu merecer. Todos merecem (intrinsecamente), mas nem todos fazem por merecer.

É preciso estar limpo e puro de coração, abnegado, e renunciar a todo egoísmo.

O desejo de se libertar, a fé e o amor conduzem ao autossacrifício. O autossacrifício conduz à autorrealização.

É preciso ter fé para seguir nesse caminho tortuoso que conduz ao Espírito Divino. Se olharmos para o chão, vacilantes, poderemos cair e levar um grande tombo!

Seja feliz e verdadeiro! Seja o seu mestre interno. Aproveite as riquezas do seu coração e dê um *Xô!* na escassez para sempre e todo o infinito! Amém!

Abrindo os braços para receber

De hoje em diante, só aceito a Riqueza, a Prosperidade e a Fartura como a Consciência de Deus em mim. Todas as lições relativas à pobreza já foram aprendidas. Deixo-as para trás, para serem consumidas no Fogo Violeta da Transmutação e na Misericórdia do Espírito Santo.

Pobreza, miséria, escassez, avareza, consciência de "falta" é o Mal! Enxoto esse mal da minha vida com toda força, luz e amor! Deus me criou para ser Próspero e Feliz. O saudável é ter dinheiro.

Escassez de dinheiro é um tipo de doença, no nível mental, é uma crença errônea, um vírus no computador. Deleto para sempre e excluo dos meus arquivos (inclusive akáshicos[2]) toda programação de miséria, mesquinhez e pobreza.

A partir de hoje, só alimento pensamentos prósperos e produtivos, só alimento a fartura – Lakshmi, a Colheita!

Eu sou Ceres, a Dona da colheita do Trigo, a que gera. Eu sou a Mãe Divina que é infinitamente próspera. Agora, enquanto ego, individualidade, realmente não sou nada.

A partir de hoje, manifesto a plenitude do meu ser. Eu sou a luz na Terra, estou a serviço de Deus na Terra. Não trabalho só por mim, ou unicamente para mim. Os frutos são de Deus, o Senhor de Todo o Universo.

---

[2] Os registros akáshicos são arquivos/memórias de tudo que já nos aconteceu, em todas as nossas vidas.

Graças a Deus, estou livre! Acabou o remédio amargo, a data de validade expirou. Mereço trabalhar, pois é pelo Bem, pela Luz e pelo Amor, para servir. Quero trabalhar e me sustentar com o dinheiro do meu trabalho – eu sou um trabalhador de verdade – digno e justo.

Esse trabalho é prioridade na minha vida. Tenho muito valor e integridade.

Mereço toda a prosperidade possível e imaginária – convergida por Deus.

Somos ricos, prósperos e abundantes! Merecemos o melhor da vida.

Eu sou o Eu Sou na Terra manifestado e ancorado num corpo físico.

Eu Sou o Atma encarnado. Deus em ação!

Afirmando a Vitória!

Eu sou rico e próspero. Assumo total responsabilidade pela minha vida financeira e material. Estou a serviço da Luz na Terra. Minha vida é servir com alegria, felicidade e contentamento. Deus me provê de tudo aquilo que eu preciso, pois busco sempre fazer a minha parte.

Dou um *Xô!* na escassez para sempre! Eu sou livre! Eu sou o ser real! Eu sou o consciente e o inconsciente a serviço de Deus! Só alimento o Bem, a Justiça Divina!

A galinha dos ovos de ouro surge na minha consciência, agora manifestando pensamentos prósperos – os ovos de ouro!

Sou o Um e tudo que é ilusão é zero. Multiplico o zero permanecendo fiel e íntegro a mim mesmo, ao Uno, à minha própria Consciência Divina.

Sou o ser elevado que se manifestou na Terra para ser feliz e, com prazer de viver, desfrutar de uma vida próspera e abundante.

Obrigado, Senhor, por iluminar a minha mente! Comprometo-me a dar o melhor de mim a cada instante. Peço, rogo e clamo pela sua misericórdia divina, Senhor! Rogo pela Sua Graça, pela Sua Benevolência e Caridade infinitas. Rogo pelo Teu Amor, que se manifesta como o Bem em todas as áreas da minha vida. Sou feliz por possuir o Reino, sou grata pela chave. Guardarei o segredo no meu coração, com integridade e justiça.

Amém!

Acabou a miséria
Acabou a miséria.
Chega, acabou!

Para quê continuar sofrendo?
Você é importante para o Universo!
Você é filho de Deus!
Você é um ser único, possível, capaz, instrumento de Deus.
Dê-se valor, pelo amor de Deus!
Cuide-se, ame-se, aceite-se!
Você é especial! Você é um ser único!
Você é capaz!
Acredite em você!
Por favor, acreditar em si mesmo é fé em Deus!
Saia da avareza! Saia da ganância! Saia da gula!
Xô, acabou!

"Não aspire ser um servo de Deus trabalhando por salários; você se rebaixa a esse nível se pede isso ou aquilo a Ele em troca do louvor que oferece ou do sacrifício que faz! Além disso, abandone a atitude de negociação em sua mente e não se sinta decepcionado se Deus não lhe der objetos desejáveis em troca de todos os problemas que teve para agradá-Lo. Não calcule o lucro, não conte com os retornos, não planeje as consequências! Faça, já que é seu dever e você deve fazer! Essa é verdadeira puja (adoração). Dedique a ação bem como as consequências a Ele. Então, você se torna propriedade Dele e não um trabalhador exigindo salários. Esse é o nível mais elevado que um devoto (bhakta) pode alcançar por meio de sadhana (disciplina espiritual)."

Sathya Sai Baba

Xô, preguiça!

Dedico este texto a todos os preguiçosos de plantão...

Você anda se sentindo cansado ultimamente? Sem vontade de fazer nada? Com preguiça? Lentidão? Procrastinação? Então esta parte do livro é perfeita para você!

Escrevo isso de coração, pois também busco vencer esse mal. Preguiça é mal, sim... Parece uma coisa inofensiva, que vai chegando assim, de mansinho, como quem não quer nada... Quando você se dá conta, já se passaram vários dias, meses, até anos(!) desde aquela sua última promessa de fazer dieta ou fazer exercício.

Começa assim, como uma pequena desculpa no pensamento: *"hoje estou muito cansado, já fiz muita coisa, já me exercitei andando pra lá e pra cá, cozinhando, lavando a louça, cuidando da casa... Ah, não, amanhã eu começo... Eu mereço!"*. Então, quando vê, já está na ação, ou, melhor dizendo, na procrastinação.

Nosso velho dicionário *Aurélio* diz que procrastinação é adiar, simplesmente uma única palavra: adiar. Confesso que imaginava algo mais elaborado, uma frase erudita com palavras difíceis, mas não. É simples assim, procrastinar é o ato de adiar!

A nossa mente vagueia pelo passado ou futuro, mas na verdade eles não existem! Se você parar para pensar, vai perceber que isso é a mais completa ilusão! O que você adia é algo que nunca vai acontecer, pois está sempre no futuro, e existimos sempre no presente! A única coisa que existe é o presente!

Você já deve ter lido isso uma porção de vezes em vários livros e lugares, então, pare um instante e reflita consigo mesmo. Pense em algo que aconteceu no passado. Pode ser um passado distante, ou ontem mesmo. Pode ser até algo que aconteceu há uma hora... Já aconteceu, não é? E isso ficou registrado na sua mente subconsciente como uma memória, um arquivo – como em um computador.

Agora imagine o futuro. Pense no que você gostaria de estar fazendo daqui a cinco anos... Imagine a sua vida, como gostaria que as coisas acontecessem? O que pretende fazer amanhã? E daqui a uma hora? É apenas imaginação e mais nada, nunca aconteceu, é apenas uma forma de programar a mente, dar uma direção, uma meta, um objetivo.

Passamos a maior parte do nosso tempo nesses devaneios loucos: ora passado, ora futuro. E agora? O que você está fazendo neste exato momento? Lendo este livro, certo? Você está consciente de você mesmo neste exato momento?

Como está o seu corpo? E a sua respiração? O que você está sentindo agora? Está frio ou calor? Pare um pouco para se examinar, se sentir, se perceber... O que você está pensando enquanto lê este livro?

É assim que nos mantemos no presente: observando-nos a cada momento, simplesmente respirando, conscientes do nosso ser.

É simples assim? Não. Logo caímos no automatismo da vida, inspirados pelos meios de comunicação, como a

TV, por exemplo, e nos permitimos ser teleguiados pelas tendências da moda, pela novela das nove, pelo que lemos em jornais, revistas, na internet etc.

Quem sou eu de verdade e para onde quero ir?

Essa é uma pergunta que todos se fazem e, geralmente, desistem de procurar a resposta. Porque é tão difícil buscá-la, encontrá-la? Porque isso exige esforço próprio, autodisciplina. Apenas o fato de ter que lidar com essa questão da disciplina já faz muitas pessoas sentirem arrepio só de pensar em colocá-la em prática em suas vidas!

Disciplina vem acompanhada de uma carga negativa, tensa, de uma sobrecarga, como se fosse difícil, pesaroso, chato... O que é disciplina, na verdade? É apenas esse freio que devemos colocar em nossos pensamentos, para, assim, podermos guiar nossa mente à vontade para onde bem pretendemos.

Por que a mente protesta, insiste em dizer que é difícil? *"Deixa para a próxima vida..."* – grita ela, ou: *"agora não, depois..."*, *"ah, não, isso é chato, não quero!"*. E, assim, entregamos nosso poder pessoal a uma parte do nosso ser, nossa mente, que deveria ser nosso instrumento de realização divina, uma parte importante do nosso aprendizado evolutivo.

Sai Baba, um grande Mestre indiano, diz: *"a mente pode causar tanto a libertação como a escravidão."* Isso depende, em muito, de nós. É nossa tarefa cuidarmos e orientarmos nossa mente como se ela fosse um menino pequeno a ser educado.

Imagine uma criança de cinco anos gritando para a mãe: *"eu não quero almoçar, não quero ir para a escola, não vou tomar banho!"*. Se a mãe cedesse, já pensou o que aconteceria à criança? A mãe é a responsável por ela, que, por não ser educada ainda, não sabe o que é melhor para si. Cabe à mãe esse papel de ensinar e dar a direção à criança.

Assim é conosco. Nossa mente grita e esperneia para que atendamos aos seus desejos e simplesmente cedamos, sem mais nem menos. Simplesmente dizemos *"sim!"* a tudo o que ela nos pede – sem refletir por um momento se isso é bom ou ruim, se nos fará bem ou mal.

Não importa que já tenhamos cinco chinelos, *"eu ainda quero mais um, daquela cor que ainda não tenho, para combinar com aquela roupa..."*, e por aí vai. É um pequeno exemplo de que se não colocarmos um limite em nossos desejos, acabamos nos escravizando por eles.

Afinal, o que isso tudo tem a ver com a procrastinação já citada anteriormente?

Tudo! Pois o processo de adiar as coisas sempre se inicia na mente, com essa voz melosa, se fazendo de coitada, de cansada, dizendo que amanhã, com certeza, vai fazer tudo. O problema é que esse amanhã nunca chega, pois quando o amanhã se torna hoje, a mente novamente joga a responsabilidade para o dia seguinte.

Esse amanhã é a morte, por assim dizer. Dos nossos sonhos, nossas metas, nossos mais profundos anseios do coração. A nossa vida, nossa vitalidade e inspiração dependem exclusivamente de nós. Não pense que as coisas vão cair do céu, não... Trate de levantar dessa cadeira e sacudir a poeira! Trate de levantar o seu astral e dar um *Xô!* nessa preguiça.

Comece com coisas simples, um passo de cada vez, no presente, estando atento a essa voz de morte da mente, que é um apelo para cair na ilusão...

Ilusão é o contrário da Vida, é tudo aquilo que não é Real e que nunca vai ser, pois não existe. Apenas parece que... É um truque de Deus para nos fazer evoluir. Faz parte do Jogo Divino...

Estamos aqui para vencer essa batalha, contra nós mesmos, é claro! Não existe ninguém lhe impedindo de realizar seus grandes sonhos a não ser você mesmo!

Sacuda essa poeira, espante essa preguiça e comece varrendo sua casa! Renove sua energia, tome um bom suco de fruta! Pegue Sol pela manhã, diga para si mesmo: *"eu quero viver e ser feliz! Eu quero realizar meu mais alto ideal! Sou uma pessoa enérgica, cheia de vida e disposição! Amo viver! Eu realizo o meu destino. Tudo que posso fazer realizo hoje. O que não posso, me esforço para conseguir, crendo na Graça Divina. Tudo posso naquele que me fortalece! Amém!".*

Não deixe para amanhã o que você pode fazer hoje!

Todo mundo já ouviu essa frase pelo menos uma vez na vida! Nem preciso explicá-la; é apenas um lembrete para que saiba que a sua felicidade e realização depende exclusivamente de você!

Preguiça é a falta de vontade de viver, é a entrega à desistência, à desesperança, à morbidez, ao cinza e escuro... Nossa! Onde já se viu isso? O contrário de preguiça é fé, otimismo, coragem, esperança, vontade de viver e ser feliz! Ânimo, força de vontade para recomeçar, mesmo que do zero! Confiança de que tudo vai dar certo pelo seu esforço e pela Vontade de Deus.

Deus é a nossa própria Consciência Divina. Apenas precisamos despertar para essa consciência, que já existe latente em nós, e manifestá-la em todos os níveis do nosso ser: mental, emocional e físico.

Existimos aqui na Terra para cumprir um plano, uma missão divina. Pode não ser uma missão espetacular, mas é um trabalho, um serviço, uma realização da consciência.

O que Deus quer de você? Você já sabe para quê veio ao mundo? Já realizou/cumpriu seu propósito de ter nascido? Não? Ainda não sabe? Então, o que está esperando? É para isso que você está aqui. A preguiça lhe impede de procurar, de saber? É muito difícil?

Nada é difícil para aquele que crê, para aquele que tem fé. Em si mesmo, em primeiro lugar! Reconcilie-se com seu ser interno. Ele está aqui com um propósito. Você existe e é um ser único, com uma missão única, que cabe apenas a você realizar.

Essa missão nos vem como uma vocação, um dom, um sonho ou desejo do mais fundo do nosso coração... É algo que nos faz felizes e que nos dá a sensação de dever cumprido. Pode ser simples, como cuidar dos filhos ou ser um motorista de ônibus, pois cada peça é importante no "quebra-cabeça de Deus" – como escreve um autor chamado Joshua David Stone.

Cabe a você descobrir o seu chamado e acordar cada dia com ânimo e disposição para fazer o seu melhor, dar tudo de você, o máximo, para realizar seu plano com perfeição!

"Mas não somos perfeitos..." – diz a voz do ego negativo. Quem disse que não? Em essência, somos perfeitos em Deus, criados à Imagem e Semelhança de Deus Pai e Mãe Divinos e cabe a nós realizarmos essa perfeição, a cada dia, a cada momento, buscando a nossa realização na Luz e no Amor Divino.

Não é algo que temos que buscar fora de nós, e sim dentro. É um olhar profundo em direção a si mesmo, para o seu interior. Saber quem eu sou e o que estou fazendo aqui já são grandes passos rumo à evolução. Os próximos consistem apenas em realizar, em cada pensamento, palavra e ação, sua Consciência Divina neste planeta Terra.

Sou forte, saudável e disciplinado. Gosto de disciplina, pois é isso que me permite crescer e prosperar. Todo sucesso duradouro provém do esforço próprio. Sou consciente de que cabe a mim mesmo realizar meu mais alto sonho/ideal. Sou capaz de realizar esse sonho/ideal, pois tenho a Força Divina dentro de mim, que me preenche de vitalidade e vigor! Sou a própria Força de Deus! "Se Deus é por nós, quem será contra nós?" Amém!

Obrigado, Senhor, por todos os dias me conceder força e sabedoria em abundância para realizar a Tua Obra na Terra. Permite-me ser a Luz que Tu és, manifestada em todo o meu ser. Toma o meu pequenino ser em Tuas Mãos Divinas e Gloriosas e faz-me Teu instrumento. Acredito em Ti e na Força Divina. Acredito que és capaz de realizar TUDO através de mim.

"De mim mesmo nada posso fazer..." – ensinou o Mestre Jesus.

Confio cegamente, piamente, em Ti, meu Pai de Amor Misericordioso. Sou apenas Teu instrumento fiel e convicto da Tua Glória e do Teu Poder. Amém!

Palavras finais

Nasci como Ana Carolina e me chamo Aurora, espiritualmente. Trabalho com Terapias Integrativas, desde 2004. Certa vez, ao atender um rapaz com depressão, me veio o primeiro capítulo do *Xô, depressão!* todo de uma vez, do começo ao fim.

Parecia um raio de inspiraçao sobre mim! Só consegui ler o que havia escrito quando terminei. Os outros capítulos vieram depois, como um complemento, também escritos num fôlego só!

Por isso, me considero apenas *"a mão que escreve"*...

Espero de coração ter sido útil a você e que essa leitura possa ser um incentivo para a sua cura.

Amor, luz e bênçãos divinas!
Om Sai Ram!

Contato: aurorareis9@gmail.com
@aurorapachamama
www.espacopachamama.com

IMPRESSÃO:

PALLOTTI
GRÁFICA

Santa Maria - RS | Fone: (55) 3220.4500
www.graficapallotti.com.br